#SÓAEDUCAÇÃOSALVA

FTD

Copyright © Fernando Carraro, 2021
Reprodução proibida: Art. 184 do Código Penal e
Lei 9.610 de 19 de fevereiro de 1998.
Todos os direitos reservados à
EDITORA FTD.
Rua Rui Barbosa, 156 – Bela Vista – São Paulo – SP
CEP 01326-010 – Tel. 0800 772 2300
www.ftd.com.br | central.relacionamento@ftd.com.br

Diretor-geral Ricardo Tavares de Oliveira
Diretor adjunto Cayube Galas
Gerente editorial Isabel Lopes Coelho
Editores assistentes Bruna Perrella Brito e Bruno Salerno Rodrigues
Colaboração de conteúdo Eloah Pina
Coordenador de produção editorial Leandro Hiroshi Kanno
Assistente de conteúdo Gabriela de Avila
Líder de preparação e revisão Aline Araújo
Preparadora Marina Nogueira
Revisoras Bianca Oliveira e Arali Lobo Gomes
Editores de arte Camila Catto e Daniel Justi
Projeto gráfico Camila Catto
Coordenadora de licenciamento de textos e imagens Marcia Berne
Pesquisa iconográfica Rosa André
Autorização de texto Carolina Carmini Mariano Lúcio e Luiz Fernando Botter
Diretor de operações e produção gráfica Reginaldo Soares Damasceno

Dados Internacionais de Catalogação na Publicação (CIP)
(Câmara Brasileira do Livro, SP, Brasil)

Carraro, Fernando
#sóaeducaçãosalva / Fernando Carraro ; ilustrações de Veridiana Scarpelli. — 1. ed. — São Paulo : FTD, 2021.

ISBN 978-65-5742-309-7

1. Educação - Literatura infantojuvenil 2. Literatura infantojuvenil I. Scarpelli, Veridiana. II. Título.

21-63258   CDD-028.5

Índices para catálogo sistemático:
1. Educação : Literatura infantil 028.5
2. Educação : Literatura infantojuvenil 028.5

Maria Alice Ferreira — Bibliotecária — CRB-8/7964

Fernando Carraro

#SÓ A EDUCAÇÃO SALVA

Ilustrações de
Veridiana Scarpelli

1.ª edição

FTD

São Paulo – 2021

O homem contemporâneo experimentou que o que acontece numa parte do mundo pode ter consequências noutras, e que ninguém pode, a priori, sentir-se seguro num mundo onde há sofrimento e miséria.

Papa Francisco

As pessoas educam para a competição, e esse é o princípio de qualquer guerra. Quando educarmos para cooperar e ser solidários uns com os outros, nesse dia estaremos a educar para a paz.

Maria Montessori (1870-1952), educadora, médica e pedagoga italiana

A chave para uma sociedade próspera está na educação. A educação é a construtora da paz, a arte que enriquece a mente e lapida o caráter humano.

Daisaku Ikeda (1928-), filósofo e escritor japonês

Ensine Chizalum a ler. Ensine-lhe o gosto pelos livros. A melhor maneira é pelo exemplo informal. Se ela vir você lendo, vai entender que a leitura tem valor. [...] Os livros vão ajudá-la a entender e questionar o mundo, vão ajudá-la a se expressar, vão ajudá-la em tudo o que ela quiser ser — chefs, cientistas, artistas, todo mundo se beneficia das habilidades que a leitura traz.

Chimamanda Ngozi Adichie (1977-), escritora nigeriana

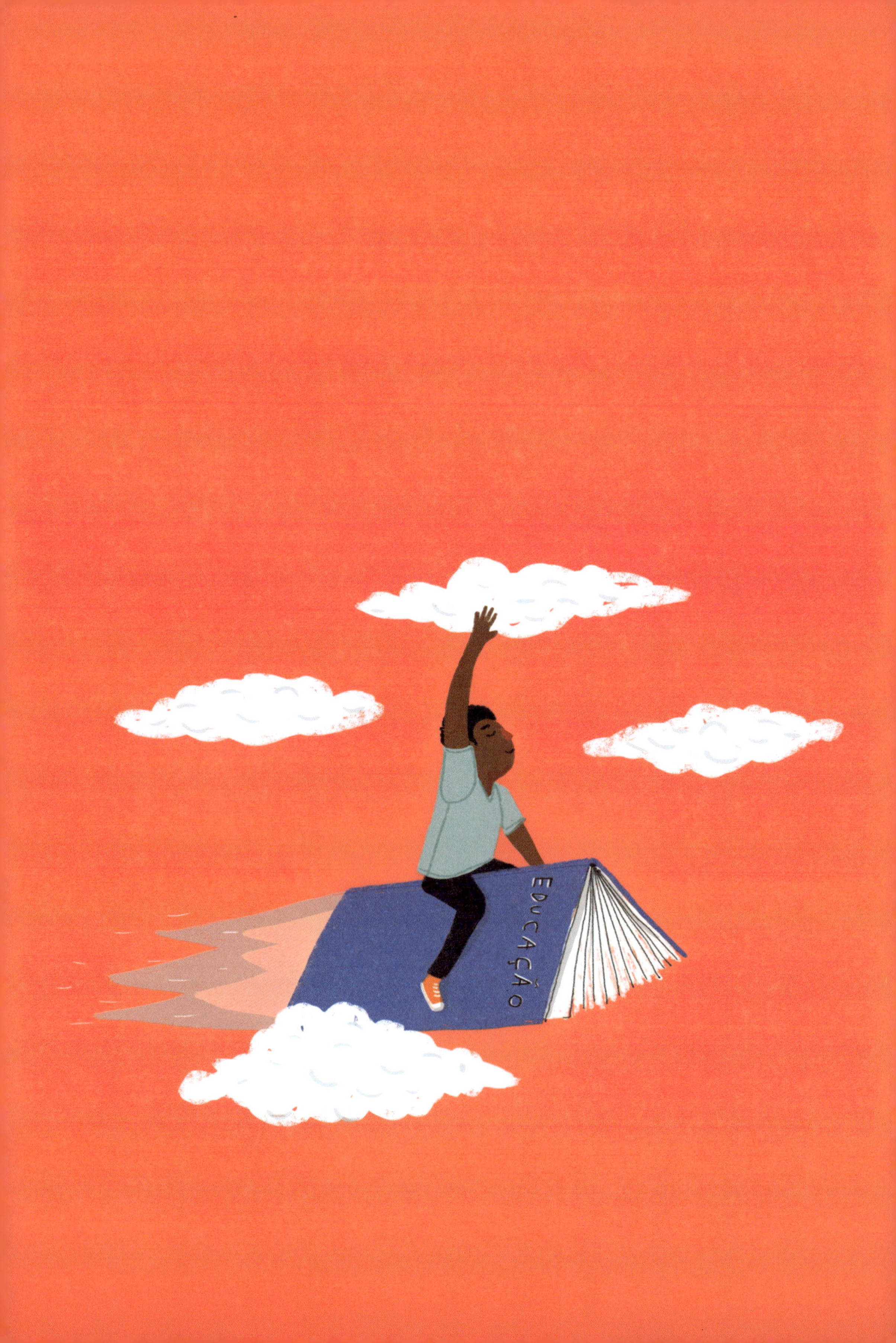
EDUCAÇÃO

- **9** UM CICLO DE OPORTUNIDADES
- **12** O PROJETO POLÍTICO-PEDAGÓGICO
- **18** A AULA INAUGURAL
- **22** UMA VISITA INSPIRADORA
- **24** UM SELO PARA O MORRO AZUL
- **26** OPORTUNIDADE IGUAL PARA TODOS
- **28** OS PROBLEMAS A SEREM RESOLVIDOS
- **35** NA PRÁTICA: #SÓAEDUCAÇÃOSALVA
- **38** ACOLHIMENTO
- **42** O MAIOR PRÊMIO É TER OPORTUNIDADE!
- **45** A CONTINUIDADE DE UM SONHO

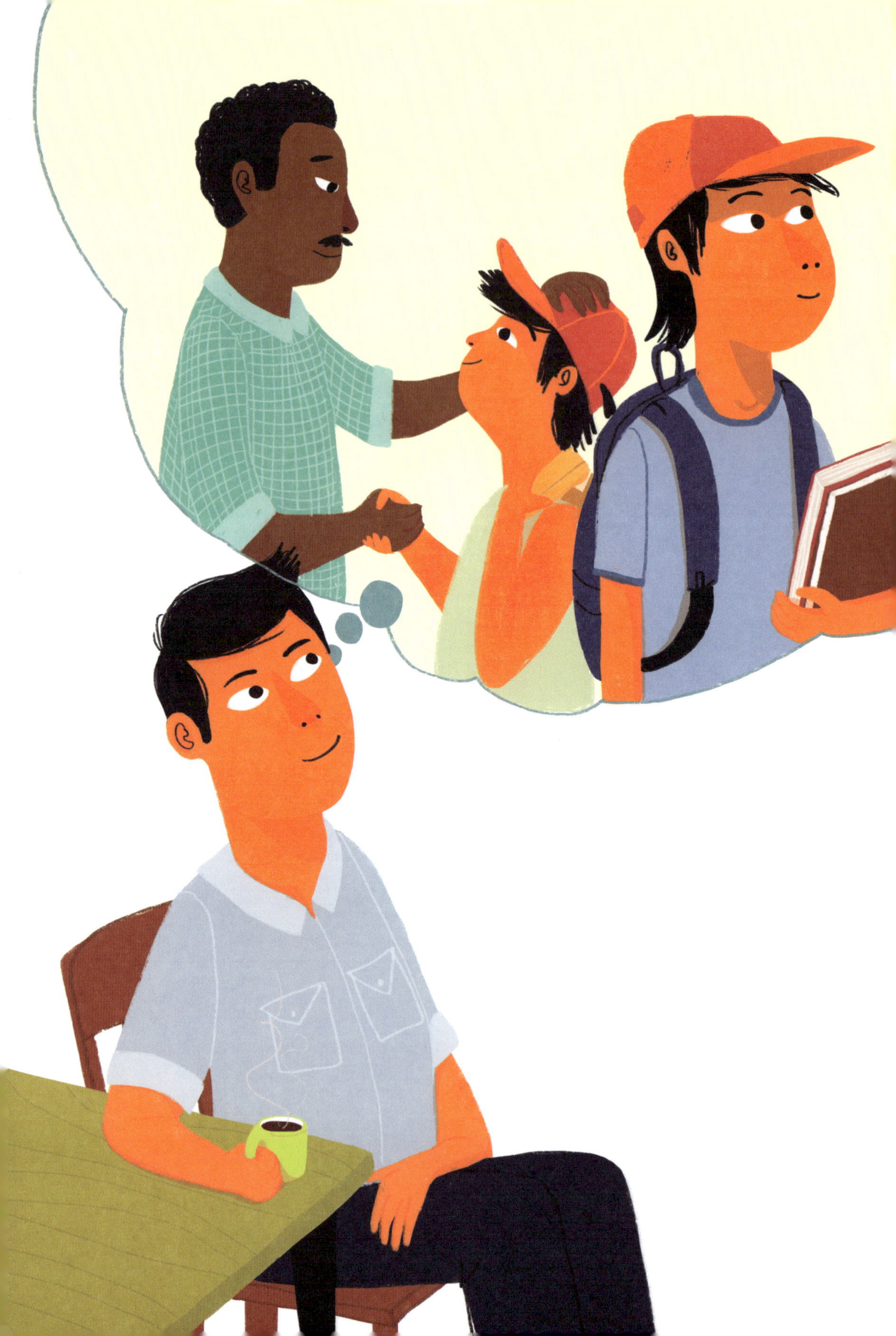

UM CICLO DE OPORTUNIDADES

Há alguns anos, a vida de Vinícius mudou — e para melhor!

Aos 10 anos, Vinícius morava na comunidade do Morro Azul e trabalhava como engraxate para ajudar sua mãe no sustento da família. Certo dia, porém, ao engraxar os sapatos de um empresário chamado Antônio, ele recebeu uma proposta: mudar de escola, dedicar-se aos estudos e parar de trabalhar. Depois de Antônio explicar a proposta para a mãe de Vinícius e de os dois aceitarem a oferta, o garoto ganhou uma bolsa de estudos e passou a frequentar a mesma escola que o filho de Antônio, Tomás. Além disso, para que Vinícius não precisasse mais trabalhar, sua mãe foi contratada por Antônio para trabalhar em uma de suas empresas, garantindo o sustento da família. Antônio viu em Vinícius um grande potencial e quis ajudá-lo a ter uma boa formação e um bom futuro.

Vinícius mostrou-se um aluno dedicado, estudou muito e se destacou como o melhor da escola, conseguindo inclusive uma bolsa de estudos para fazer faculdade nos Estados Unidos. Lá, formou-se em Administração de Empresas e voltou para o Brasil para trabalhar na empresa de Antônio. Depois de algum tempo, Vinícius conseguiu realizar o sonho de comprar uma casa para a mãe. Ele estava muito feliz com suas conquistas, mas ainda não era o bastante: sentia uma gratidão imensa pela atitude de Antônio e pelas oportunidades que teve, então queria estender essa oportunidade às demais crianças e jovens da comunidade em que cresceu.

Ao falar sobre isso com Antônio, perceberam que poderiam ser parceiros em mais uma jornada. Entendendo o ciclo de oportunidades que Vinícius queria gerar, Antônio lhe propôs que construíssem uma escola na comunidade do Morro Azul que oferecesse educação integral e de qualidade às crianças e jovens de lá. Vinícius adorou a ideia e, sem titubear, aceitou mais essa proposta.

Os dois uniram forças e se empenharam para viabilizar o projeto. Conversaram com muitas pessoas, entre administradores públicos e empresários, angariaram recursos e doações. A escola foi construída e inaugurada em grande estilo. Em homenagem ao papa Francisco, a instituição recebeu o nome de Centro Educacional Jorge Mario Bergoglio, por ter partido dele o apelo por uma educação mundial solidária, integral, libertadora e inclusiva.

O PROJETO POLÍTICO-PEDAGÓGICO

Logo após a construção do centro educacional, foi preciso contratar professores, coordenadores e demais profissionais para receberem os futuros estudantes. Diante dessa tarefa, Vinícius retomou o contato com alguns de seus colegas de infância para entender, a partir da própria comunidade, quem seriam os profissionais ideais para a escola. Para o cargo de direção, cogitou sua antiga professora, Mariana, com quem tivera pouco contato, mas de quem guardava boas recordações.

Mariana ficou muito contente com a proposta. Assim como Vinícius, tinha crescido na comunidade e havia saído dela em busca de melhores oportunidades, mas adoraria voltar e contribuir no projeto. Tomando posse do cargo, ocupou-se da escolha cuidadosa do corpo docente. Em seguida, precisou elaborar um projeto politico-pedagógico que envolvesse professores, alunos e a comunidade do Morro Azul. Para tanto, Mariana buscou modelos inovadores de ensino e aprendizagem. Seu projeto propunha que o centro educacional formasse cidadãos preocupados em transformar o planeta em um lugar melhor para todos. Além de formar bons profissionais, como ela e Vinícius, a escola também deveria se dedicar à formação integral de seus estudantes, colocando-os em primeiro plano e incentivando a solidariedade, o respeito às diferenças, o convívio e o diálogo.

Nesse processo, Mariana lembrou que tinha visto um vídeo a respeito do Pacto Educativo Global, lançado pelo papa Francisco. Aquela lembrança veio em boa hora! O Pacto Educativo Global tinha o objetivo de transformar a educação em um processo solidário, inclusivo e libertador, menos individualista e mais fraterno, e listava alguns passos para esse objetivo ser alcançado.

O Pacto Educativo Global

Lançado oficialmente em 15 de outubro de 2020 pelo papa Francisco, em conferência *on-line* em meio à pandemia de covid-19, o Pacto Educativo Global é uma iniciativa que visa mobilizar todos os países em torno de um mesmo projeto educacional. O papa Francisco acredita que somente "por uma educação humanizadora, solidária, livre e bem-intencionada [...] é possível reverter a aridez e a indiferença e transformá-las em cuidado da pessoa humana e da casa comum e em cultura da paz".*

O Pacto propõe as seguintes metas:

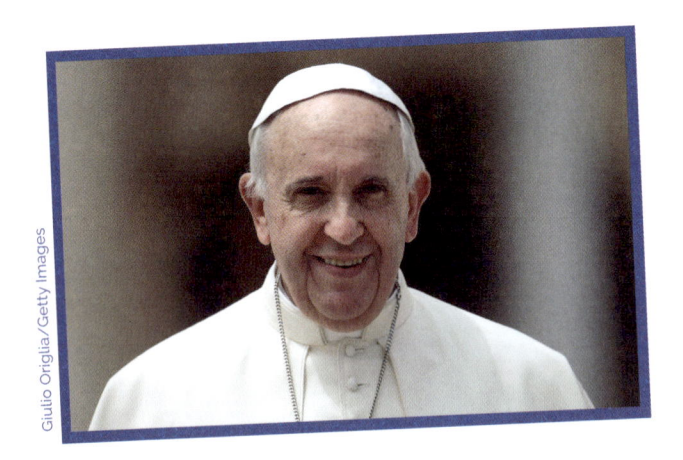

Papa Francisco durante audiência geral semanal no Vaticano, em 27 de maio de 2015.

1. Colocar no centro de cada processo educativo — formal e informal — a pessoa, o seu valor, a sua dignidade para fazer emergir a sua especificidade, a sua beleza, a sua singularidade e, ao mesmo tempo, a sua capacidade de estar em relação com os outros e com a realidade que a rodeia,

rejeitando os estilos de vida que favorecem a difusão da cultura do descarte.
2. Ouvir a voz das crianças, adolescentes e jovens a quem transmitimos valores e conhecimentos, para construir juntos um futuro de justiça e paz, uma vida digna para toda pessoa.
3. Favorecer a plena participação das meninas e das jovens na instrução.
4. Ver na família o primeiro e indispensável sujeito educador.
5. Educar e educarmo-nos para o acolhimento, abrindo-nos aos mais vulneráveis e marginalizados.
6. Empenharmo-nos no estudo para encontrar outras formas de compreender a economia, a política, o crescimento e o progresso, para que estejam verdadeiramente a serviço do homem e da família humana inteira na perspectiva duma ecologia integral.
7. Guardar e cultivar a nossa casa comum, protegendo-a da exploração dos seus recursos, adotando estilos de vida mais sóbrios e apostando na utilização exclusiva de energias renováveis e respeitadoras do ambiente humano e natural, segundo os princípios de subsidiariedade e solidariedade e da economia circular.**

---

* ASSOCIAÇÃO NACIONAL DE EDUCAÇÃO CATÓLICA DO BRASIL. *Pacto Educativo Global*. Projeto Executivo da Associação Nacional de Educação Católica do Brasil (Anec). Disponível em: https://anec.org.br/wp-content/uploads/2020/09/output-1.pdf. Acesso em: 9 mar. 2021.

** PONTIFÍCIA UNIVERSIDADE LATERANENSE. Mensagem em vídeo do papa Francisco por ocasião do encontro promovido pela Congregação para a Educação Católica: *Global Compact on Education. Together to Look Beyond*, 15 de outubro de 2020. Disponível em: http://www.vatican.va/content/francesco/pt/messages/pont-messages/2020/documents/papa-francesco_20201015_videomessaggio-global-compact.html. Acesso em: 9 mar. 2021.

Incluir o Pacto no projeto político-pedagógico da escola era algo inovador. Mariana acreditava naqueles princípios e decidiu seguir em frente. Com o projeto finalizado e apresentado a Vinícius, resolveu convocar uma reunião *on-line* de planejamento escolar com os professores contratados, a fim de mostrar o que previa para o trabalho.

Ao explicar o projeto, alguns professores questionaram Mariana, já que, sem conhecimento profundo sobre educação transformadora e habituados a um modo de trabalho diferente, estranharam o fato de ela não ter mencionado "vestibular", "profissão" e "carreira", e ficaram preocupados em saber se aquela seria a educação ideal para seus alunos. Mariana explicou, então, que sua proposta não estava centrada apenas no conteúdo, nos componentes curriculares e no ingresso em uma universidade. Ela entendia a preocupação dos professores, mas queria deixar claro que o Centro Educacional Jorge Mario Bergoglio daria conta dessas questões e iria além. Mariana conseguiu mostrar a eles que aquela escola, mais que oferecer conteúdo, cuidaria também da formação humana integral dos alunos. Para finalizar a reunião, Mariana leu uma frase de Paulo Freire sobre o ensino:

> **Ensinar não é transferir conhecimento, mas criar as possibilidades para sua própria produção ou a sua construção.**

A implantação de um projeto de tamanha relevância, com professores qualificados, fez que a fama do Centro Educacional Jorge Mario Bergoglio logo se propagasse pela comunidade. Com isso, pais e mães começaram a procurar a escola para saber quando seriam as matrículas. Essa procura deixou todos os envolvidos muito felizes, e tanto a direção como os professores sentiram-se protagonistas de uma educação que poderia transformar o mundo.

O processo de matrícula teve início em dezembro. No ato da inscrição, os responsáveis recebiam uma cópia do projeto político-pedagógico da escola e também um convite para se engajarem na construção coletiva do centro educacional.

Finalmente, estava tudo pronto para o início do ano letivo!

A AULA INAUGURAL

Na aula inaugural, Mariana deu as boas-vindas à comunidade escolar, desejando que o primeiro ano da nova escola fosse promissor e contasse com a participação de todos. Em seguida, apresentou no telão o documento com as metas do Pacto Educativo Global, o vídeo do papa discursando sobre o Pacto e uma mensagem dos professores explicando um pouco como aplicariam as metas. Mariana ressaltou que era fundamental que todos conhecessem esse conteúdo, uma vez que o projeto político-pedagógico do centro educacional tinha sido elaborado com base nele.

Em sua fala, Mariana lembrou que 2020, ano em que Vinícius e Antônio tiveram a ideia de construir a escola, havia sido um ano muito difícil para a humanidade, por causa da pandemia de covid-19, que se prolongou além daquele ano. Todos sofreram com o impacto de algo jamais imaginado, principalmente em relação à educação e ao ensino presencial. Agora, além dos desafios da nova realidade que se apresentava, seria preciso lidar com os impactos do período de pandemia na vida das crianças e jovens, sobretudo na comunidade do Morro Azul.

Entre 2020 e 2021, a pandemia do coronavírus ceifou muitas vidas no Brasil e no mundo. Os esforços de pesquisadores e cientistas resultaram na vacina mais rápida da história mundial e na corrida por seu desenvolvimento e aplicação em massa para conter a pandemia. As populações de todo o mundo ainda se acostumam com a grande lição dada pela covid-19: a humanidade só é capaz de sobreviver com cooperação, ajuda mútua e coletiva, e por meio de atos de compaixão e valorização da vida de todos.

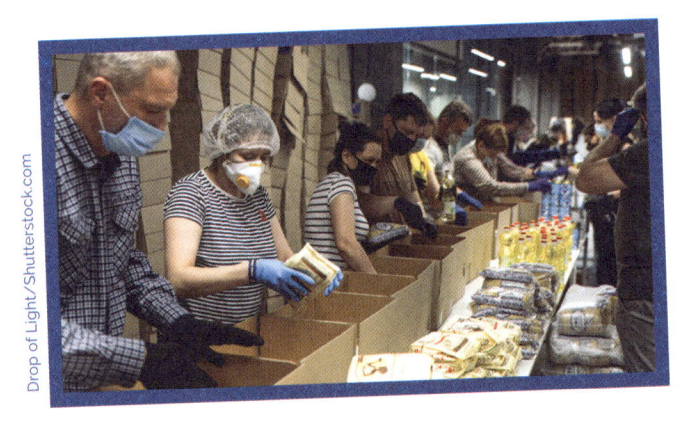

Voluntários ucranianos se reúnem durante a pandemia da covid-19 para ajudar na separação de alimentos para doação, em 2 maio de 2020.

Kits de cesta básica de Natal montados por voluntários em São José dos Campos (SP), em 21 de dezembro de 2020.

Depois, com os alunos já alocados em suas salas de aula, os professores abriram uma discussão para conhecer a opinião deles a respeito do que havia sido apresentado na aula inaugural.

— Eu gostei muito porque o papa nos convida a inovar e a nos reinventarmos como seres humanos, quando ele diz que sem um projeto educativo a pessoa é somente escrava de um momento breve, um pensamento que não consegue propor nada de grande. Isso nos faz acomodar e impede nosso crescimento — disse Larissa.

— Ele comenta sobre a abertura do diálogo entre todas as culturas e o respeito entre todas as religiões, para que a gente saiba superar o preconceito e dar espaço para a pluralidade de pensamento. Ele diz que temos que conviver com as diferenças, respeitando o direito de cada um... E isso é muito importante — disse Carolina.

— Ele quer provocar pela educação uma mudança de mentalidade em todo o mundo, e para isso é necessário olhar além do nosso dia a dia local, é preciso ter criatividade — falou Beatriz.

— Gostei quando ele diz que ninguém pode se sentir seguro e em paz enquanto há pessoas sofrendo e passando necessidades; ou seja, enquanto há desigualdade social — complementou João Paulo.

— Posso falar? — perguntou Tânia. — A mensagem do papa me fez pensar muito nisso que o João Paulo comentou, sobre a desigualdade, e também sobre a ideia de levar a vida do estudante em consideração. Às vezes, temos a impressão de que a escola é um local apenas para absorver conhecimento dos professores, enquanto nesse modelo que o papa propõe nós podemos ser ouvidos, compartilhar nossas vivências na comunidade, nossas dificuldades e sentimentos.

Após a fala de Tânia, os professores perceberam que os alunos haviam compreendido a mensagem e que pareciam engajados no projeto político-pedagógico do centro educacional.

Vendo tamanha receptividade nos alunos, a direção resolveu convidar Vinícius para fazer-lhes uma visita ainda no início do ano letivo.

UMA VISITA INSPIRADORA

Ao receber a mensagem de Mariana para conferir o dia a dia dos estudantes no centro educacional que tinha fundado, Vinícius reorganizou suas tarefas e agendou a visita. Estava muito ansioso para ouvir dos próprios alunos as impressões que tinham sobre a escola.

No dia da visita, Vinícius queria muito saber se aquelas crianças e jovens já sentiam o potencial transformador em suas vidas. De maneira entusiasmada e sendo o mais sincero possível, perguntou:

— O que vocês estão achando da escola?

— É ótimo ter uma escola tão boa perto de casa, aqui mesmo na comunidade — respondeu Vítor.

— Que bom ouvir isso! E vocês estão contentes com seus professores? — quis saber Vinícius.

— As aulas são muito boas e não ficamos entediados. Aprendemos as matérias e prestamos atenção porque os professores nos estimulam, nos incentivam a ser cada dia melhores, criativos, a enfrentar desafios, resolver problemas, aprender a pensar... Eles não nos deixam desistir e nos incentivam a ser protagonistas da nossa própria história — respondeu Marcela.

Parabéns!

Vinícius escutava atentamente o que os alunos tinham a dizer. Um comentário de Vítor, em especial, chamou-lhe muito a atenção, pois ressaltava o trabalho em grupo e a prioridade que os professores davam às diferenças, sem que isso fosse visto como negativo. Os colegas não precisavam se sentir todos iguais para serem respeitados, porque sempre eram, independentemente de como fossem.

Murilo, outro jovem aluno, também ressaltou que sempre, ao iniciarem um assunto novo, os professores lhes mostravam a aplicação prática no dia a dia daquele ensinamento, motivando-os a guardar os aprendizados para uma futura profissão ou para a vida como um todo.

— Falando em profissão, a professora Sandra disse que num futuro bem próximo muitas atividades do trabalho humano vão desaparecer, então nós teremos que ser criativos e desenvolver novas habilidades e tarefas. Achei muito importante essa lição, porque senti que sou capaz de inventar e transformar minha realidade — falou Nícolas.

— Nossa, pessoal! Estou muito feliz com as impressões positivas de vocês. Espero que continuem participando ativamente da construção da escola e do aprendizado e emanando esse sentimento de esperança que me transmitiram agora.

UM SELO PARA O MORRO AZUL

— Mariana, muito obrigado por promover minha conversa com os alunos. Foi gratificante. Senti que eles precisam ficar cada vez mais conectados com os princípios do Pacto Educativo Global, porque isso faz muito bem para o desenvolvimento deles — comentou Vinícius.

— Sim, você tem toda a razão. Pensei em contatar outras escolas semelhantes à nossa para que os jovens interajam. No *site* da Congregação para a Educação Católica, deve haver alguma informação sobre elas, podemos pesquisar — disse Mariana.

Vinícius sentou-se ao lado de Mariana para ler a página da Congregação e ficou maravilhado com os dados que viu. Os dois ficaram ainda mais surpresos quando viram que a Congregação tinha aberto a inscrição para um prêmio que daria um selo às escolas que estivessem em comunhão com os ensinamentos do Pacto Educativo Global, isto é, para instituições que priorizassem a formação integral de seus alunos, além dos conteúdos necessários às práticas formais e profissionais. Mariana e Vinícius fizeram imediatamente a inscrição do Centro Educacional Jorge Mario Bergoglio. Empolgados, foram às salas de aula dar a notícia aos professores e estudantes e explicar como aconteceria a seleção.

> A Congregação para a Educação Católica, com sede em Roma, reúne 216 mil escolas católicas, frequentadas por mais de 60 milhões de alunos, e 1750 universidades católicas, com mais de 11 milhões de estudantes.

— Pessoal, nossa escola participará de uma seleção mundial da Congregação para a Educação Católica, que certificará as instituições alinhadas com o Pacto Educativo Global. Para isso, devemos enviar um vídeo das ações que praticamos aqui, a fim de mostrar como nossa escola segue esses princípios. Vocês podem se organizar em grupos e conversar conosco antes de gravarem — disse Mariana.

Em seguida, a professora Susana comentou:

— Nossa! Seria demais se nossa escola fosse contemplada.

— Nem me fale, professora! Nosso trabalho seria reconhecido mundialmente! — disse Alex, um de seus alunos.

— Então, animem-se! Vamos trabalhar e nos empenhar para que isso aconteça! — disse a professora.

E os alunos concordaram.

— Que tal vocês relerem as metas do Pacto e pensarem em ações concretas para gravarmos? Nos próximos dias, podemos conversar com Vinícius sobre o que ele acha das nossas ideias.

— Com certeza, Susana! Mãos à obra! — estimulou Vinícius.

OPORTUNIDADE IGUAL PARA TODOS

Em uma das ocasiões em que Vinícius foi à escola para acompanhar o desenvolvimento das ideias, Mateus foi o primeiro a falar:

— Vinícius, ainda que nossa comunidade enfrente muitas dificuldades e escassez de recursos, somos privilegiados em estudar numa escola como esta. Tenho familiares que moram em outras cidades e que estudam em escolas públicas bem precárias. Então fico pensativo e triste em saber que milhões de jovens brasileiros não têm esse mesmo privilégio, embora a Constituição diga que todos os brasileiros têm direito à educação de qualidade.

— Isso é muito verdadeiro, Mateus. Concordo com você. Essa falta de oportunidades fez parte da minha história, e é por isso que valorizo tanto este centro educacional — respondeu Vinícius.

— Meus colegas e eu estamos dispostos a ajudar outras pessoas a terem oportunidades iguais às que temos. Não é, gente? — disse Mateus voltando-se para os colegas de sala.

— Sim! Nós já estamos trabalhando nas ideias! — respondeu um dos colegas.

Vinícius disse aos alunos que gostaria de ver as ideias ganharem corpo. Ele percebia que o projeto político-pedagógico da escola estava produzindo bons resultados na formação dos alunos.

Mateus tomou a palavra novamente:

— Eu estava conversando com alguns colegas sobre a possibilidade de fazer algo pelas pessoas que moram na rua, pelos que vivem em situação de vulnerabilidade. São pessoas excluídas da sociedade e muitas não tiveram a mesma oportunidade que nós. Outra ideia que surgiu foi a de abrir as portas da nossa escola para as crianças que não tiveram aulas direito durante a pandemia, para oferecer reforço escolar.

— Que ótimas ideias! Vi que vocês entenderam direitinho a proposta de educar para o acolhimento. Vamos ver o que é possível fazer, certo? Para começar, o que acham de divulgar nas redes sociais essas ideias? Assim podem estimular outros colegas a fazerem o mesmo. O que acham? — incentivou Vinícius.

— Isso! Pode deixar, Vinícius. Obrigado pelo incentivo! — disse João Vítor querendo partir para a ação.

OS PROBLEMAS A SEREM RESOLVIDOS

Enquanto os jovens amadureciam suas ideias, transformando-as em projetos, o dia a dia nas salas de aula transcorria normalmente. O professor Rodrigo, de Geografia, sempre debatia a importância da educação no tocante às questões sociais:

— O homem contemporâneo já realizou grandes descobertas, sobre tudo o que se possa imaginar, mas mesmo assim está longe de ter alcançado uma existência pacífica. É justamente por isso que nossa escola valoriza a importância de um mundo mais justo e fraterno para todos, principalmente para os mais vulneráveis e esquecidos. Como disse o papa Bento XVI, a questão social requer uma função educativa que não se pode mais adiar. E essa interação entre todos os povos da Terra deve se concretizar sob o signo da solidariedade, da igualdade de acesso à educação de qualidade, e não da marginalização. Será que essa é a realidade educacional brasileira? O que vocês acham?

Realidade

— Longe disso, professor. Pelo que vemos, o Brasil é um país com extremas desigualdades sociais e educacionais. Enquanto nós temos acesso a uma escola de qualidade, pelo Brasil afora centenas de escolas vivem uma situação de muita precariedade. Há alunos que levantam de madrugada e caminham quilômetros a pé por estradas de terra para estudar, porque não existem escolas próximas de suas residências, e instituições de ensino que não têm energia elétrica nem equipamentos necessários, que não têm professores, merenda, água tratada, banheiro... E lemos que a taxa de evasão escolar, que sempre foi alta, se agravou ainda mais em 2020 por causa da pandemia da covid-19 — disse Felipe, mostrando muita indignação.

— E, para piorar a situação, temos muitos analfabetos funcionais no Brasil — continuou Fabíola.

— Muito triste tudo isso num país de tantas possibilidades... — disse André.

— Com certeza — finalizou o professor Rodrigo.

Sobre o tema da evasão escolar, o professor Adelar, de História, buscou entender as causas e as medidas necessárias para minimizar esse problema.

— Em 2020, por causa da pandemia da covid-19, o índice de evasão escolar, segundo dados do Instituto Nacional de Estudos e Pesquisas Educacionais Anísio Teixeira, o Inep, foi de cerca de 30%, enquanto em 2017 era de 11%.

Continuando o debate, Adelar perguntou à turma por que os alunos do Ensino Médio abandonavam a escola.

— Acho que por necessidade de trabalhar para ajudar no sustento da família — disse Vítor.

— Algumas vezes porque os assuntos das aulas não são interessantes para os alunos — completou Talita.

— Talvez porque sofrem *bullying*... Nem sempre a escola está preparada para trabalhar as questões socioemocionais — disse Igor.

— Por estarem desmotivados ou por problemas pessoais — sugeriu Karina.

— Li que, depois de abandonarem a escola, os jovens têm dificuldade para voltar, por causa da idade — completou Marcelo.

— E, quanto às crianças, por que será que abandonam a escola? — quis saber o professor Adelar.

— Acho que por causa da distância da escola e da falta de transporte — disse Guilherme.

— Ou por não terem um adulto que possa levá-las à escola — disse Antonella.

— Sabendo dos problemas, o que nós podemos fazer para melhorar essa situação? — indagou o professor Adelar.

— A evasão escolar complica a vida do aluno, porque ele passa a ter mais dificuldade para conseguir um emprego, por falta de estudo e qualificação — disse Juliana.

— Com certeza, Juliana. Para acabar com a evasão escolar, muitas mudanças precisam ser feitas no modelo escolar atual, incluindo melhorar a formação dos professores e os salários que recebem, fazer uma reestruturação em suas carreiras, adaptar os currículos à realidade dos alunos e oferecer reforço e recuperação do conteúdo, entre outros ajustes. A Base Nacional Comum Curricular é um documento que propõe as modificações necessárias para melhorar as grades curriculares, sugerindo conteúdos mais transversais. Esses conteúdos podem fazer a diferença na vida dos alunos e prepará-los melhor para a vida e para o mercado de trabalho, principalmente no Ensino Médio, com o estabelecimento de itinerários formativos — frisou Adelar.

No centro educacional do Morro Azul, os debates sobre os problemas educacionais brasileiros permeavam as aulas de todos os componentes curriculares.

Certa vez, a professora Telma, de Matemática, resolveu levar para a aula uma pesquisa sobre a qualidade do ensino global. Entre os 65 países analisados, o Brasil estava em 53º lugar no *ranking*. Além disso, o analfabetismo funcional atingia 28% da população brasileira entre 15 e 64 anos. Telma comentou com seus alunos que um povo que buscava o desenvolvimento e a união precisava ser educado e que a educação deveria estar no coração da mãe, do pai, do professor, da comunidade como um todo, para que acontecesse aquilo que o papa pregava ao mencionar a "aldeia educativa", ou seja, uma educação coletiva em que todos estivessem socialmente preocupados.

— Mas, professora, há muitos problemas que precisam ser resolvidos! — disse Otávio, desanimado.

aldeia educativa

E a professora respondeu:

— Sim, mas não desanime, Otávio. Nós podemos resolver vários deles com pequenos atos. Nossa escola, por exemplo, não pode resolver o problema do analfabetismo no Brasil, mas pode ajudar.

— Mas nossa escola não tem espaço suficiente para oferecer aula para todos! — adicionou Arthur.

— É verdade, Arthur, e por isso vocês precisam pôr em prática as suas ideias. Como podemos acolher as pessoas que precisam? Se não podemos ajudar a todos, como ajudamos eficientemente a quem podemos? Somos apenas alguns professores, mas vocês também já podem transmitir o que aprenderam ao próximo — respondeu Telma.

— Professora, desde que começamos a entender as aulas e os conteúdos nessa perspectiva, tenho cada vez mais vontade de conversar sobre os problemas da educação do nosso país, e não gosto de ver que nem todos têm as mesmas oportunidades. Nós falamos disso com o Vinícius no dia que ele nos visitou — desabafou Guilherme.

— Sim, e vocês começaram a pensar em propostas que estavam ao alcance de vocês. Quais foram elas? — perguntou a professora.

— Entre as ideias sugeridas, as que mais gostamos são duas: dar aulas de informática para pessoas em situação de rua e para pessoas mais vulneráveis da comunidade; e oferecer reforço escolar para os alunos que não tinham internet durante as aulas remotas e foram prejudicados por causa da pandemia da covid-19 — explicou Eduarda. — E criamos a *hashtag* **sóaeducaçãosalva** para criar uma campanha de divulgação desses projetos.

— Muito bem, Eduarda. Agora, acredito que vocês devam levar essas sugestões para a Mariana, colocar em prática os projetos e começar a gravar o vídeo para a seleção da Congregação para a Educação Católica. E não se esqueçam de pensar em nomes para esses projetos.

NA PRÁTICA: #SÓAEDUCAÇÃOSALVA

Depois da conversa que tiveram com a professora Telma, os alunos se dirigiram à diretoria para falar com Mariana e pedir autorização para os projetos e o lançamento da campanha **#sóaeducaçãosalva**. Mariana achou a ideia excelente e consentiu que começassem a campanha no mês seguinte. Os alunos deveriam, então, gravar vídeos, criar cartazes e enviar *e-mails* aos familiares e responsáveis, convidando-os a também colaborar.

Ficaram definidos dois projetos: o "Tecnologia para todos", dia em que seriam ofertadas aulas de informática a pessoas em situação de rua e pessoas mais vulneráveis da comunidade, e o "Vem para a escola", reforço escolar para alunos que tiveram dificuldade de assistir às aulas remotas durante a pandemia.

Eduarda e Marcelo, que eram irmãos, tiveram uma ideia de como podiam ajudar: seus pais tinham um restaurante perto da escola e poderiam preparar a merenda para as pessoas atendidas nos projetos, de modo que elas estivessem bem alimentadas para aprender. João Vitor disse que traria sua tia, que era recrutadora profissional, para ajudar a identificar as habilidades dos alunos de informática para o mercado de trabalho. Enquanto isso, Karina faria um levantamento das crianças e jovens da comunidade que enfrentaram dificuldade para acessar as aulas remotas durante a pandemia da covid-19, a fim de organizarem o reforço. Mariana definiu que as aulas de informática poderiam ocorrer às quintas-feiras e disse que reservaria o laboratório para isso.

Empolgados, os jovens combinaram de gravar um vídeo de divulgação depois da aula. A produção serviria como divulgação e convite da campanha **#sóaeducaçãosalva**. Depois da gravação, Vítor, que entendia um pouco de edição de vídeos, deu os retoques finais para que todos pudessem publicar o material em suas redes sociais. O *post* recebeu muitos comentários positivos e curtidas. Mariana também fez sua parte: compartilhou nas redes sociais do centro educacional todos os conteúdos publicados pelos alunos.

Passadas algumas semanas, as equipes responsáveis pela organização do "Tecnologia para todos" e do "Vem para a escola" se depararam com a necessidade de entender melhor quem seriam as pessoas atendidas pelos projetos. Os estudantes já tinham aprendido em suas aulas que, antes de transmitir conhecimento, era preciso ouvir, conhecer aqueles a quem se pretendia ensinar, compreendendo a realidade que os circundava. Foi então que João Vítor teve uma ideia:

— No primeiro dia dos projetos, podemos conversar com os inscritos enquanto a refeição estiver sendo servida, e só depois vamos para as aulas, tanto no laboratório de informática quanto nas salas de reforço escolar.

Com relação às inscrições das crianças e jovens da comunidade para o reforço escolar no "Vem para a escola", Karina disse que já tinha recebido 15 inscrições e que ouvira um relato emocionante de uma das famílias.

— A Rosa, mãe de três meninos, disse que era muito grata por nossa ação. Durante a pandemia, ela perdeu o emprego de secretária em um consultório, e a renda de seu marido não era suficiente para cuidar dos três filhos. Com o interrompimento do ensino presencial, o caçula precisava de cuidados integrais em casa, impedindo-a de sair para trabalhar. O mais velho, vendo a situação da mãe, começou a fazer entregas para ajudar a família. O filho do meio permaneceu na escola, mas, como a internet não era um gasto essencial para manter naquela situação de emergência, só conseguia assistir às aulas remotas pelo celular do pai, e de vez em quando. Fiquei muito comovida com essa história, pessoal. O fato de cedermos nosso espaço para os filhos de Rosa estudarem com estrutura dá tranquilidade para ela sair à procura de emprego…

— Nossa, Karina, no dia que eu estava desanimado com o alcance das nossas ações, não imaginava que nossa atitude poderia ser responsável por tantas transformações. Estamos construindo nossa aldeia! — exclamou Otávio.

ACOLHIMENTO

Chegou o primeiro dia do projeto "Tecnologia para todos". Direção, corpo docente, familiares e alunos montaram uma grande bancada no pátio da escola para servir as refeições. Algumas mesas foram dispostas pelo espaço para aquele momento. Conforme as pessoas iam chegando, os estudantes as direcionavam para as mesas e iniciavam uma conversa.

Marcelo ficou responsável pela gravação do vídeo e mostrava, por meio da câmera, como um ato simples de compaixão podia transformar a experiência das pessoas.

No laboratório de informática, muitos depoimentos foram ouvidos:

— Meu nome é José Carlos, tenho 16 anos e vivo nas ruas desde criança. Nunca estudei e achava que nunca iria aprender nada, até chegar hoje aqui. Se eu pudesse aprender alguma profissão, talvez um dia eu poderia deixar de viver nos abrigos.

— Me chamo Maria, tenho 35 anos. Na pandemia, perdi meu emprego e, sem poder pagar o aluguel, tive que morar na rua com meu filho. Estou muito agradecida pela oportunidade. Além de conhecimento, vocês transmitiram empatia e fraternidade para nós.

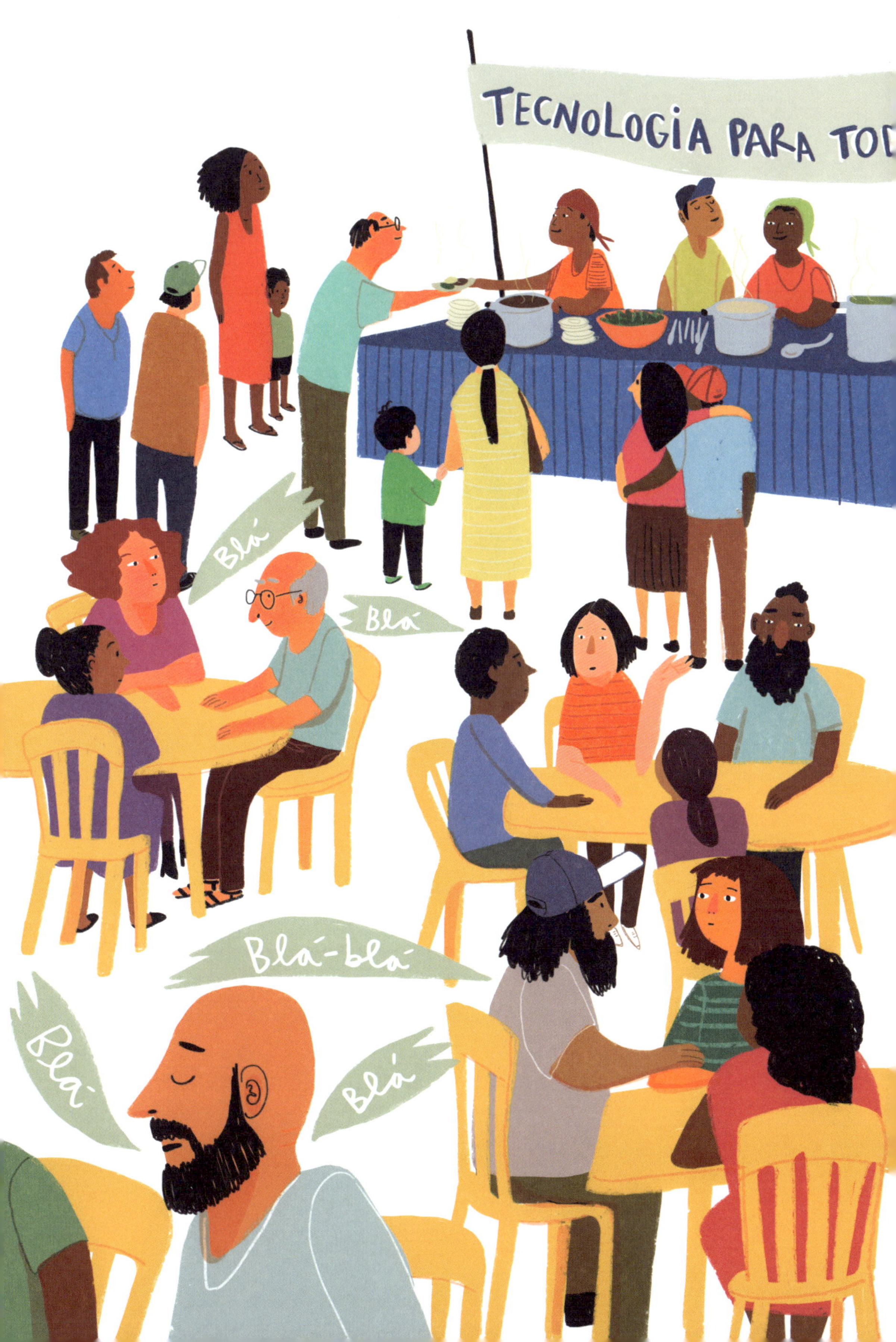
TECNOLOGIA PARA TOD
Blá
Blá
Blá-blá
Blá
Blá

— Eu sou o João Paulo, nasci em outra comunidade, longe daqui, mas hoje moro no Morro Azul e vivo de pequenos serviços para juntar uns trocados. Tenho muita vontade de ter um emprego, e a ajuda de vocês vai ser muito valiosa para isso.

E assim se seguiram os depoimentos até o fim do dia. Os alunos do centro educacional estavam muito comovidos e surpresos com o quanto aprenderam ouvindo o próximo. Ao entrarem em contato com aquelas pessoas e conhecerem o dia a dia de cada uma delas e as situações de vulnerabilidade que enfrentavam, puderam adequar a mensagem que queriam transmitir, além de entender o que mais poderiam fazer por elas. Era visível a desigualdade, não só entre os alunos e os convidados, mas em cada história que se ouvia. Aquele dia tinha sido muito gratificante e todos saíram com um grande desejo de transformação, mas a missão não acabara ali.

Eu sou!

Depois de algumas semanas, foi a vez de os estudantes do centro educacional colocarem em prática o projeto "Vem para a escola", em que as crianças inscritas teriam aulas de reforço escolar no horário da tarde e também aos sábados pela manhã. Os estudantes do Centro Educacional Jorge Mario Bergoglio esclareciam as dúvidas dos alunos, perguntavam como havia sido a experiência de estudar em casa durante a pandemia e que conteúdos tinham aprendido. No fim do dia, faziam uma grande roda e lanchavam em comunhão.

Marcelo, que gravava trechos de cada um desses momentos, certo dia anunciou:

— Pessoal, acabei nosso vídeo! Com certeza a campanha **#sóaeducaçãosalva** vai ser um sucesso! Está prontinho para mandarmos à Congregação. O Vítor vai editar e depois podemos mandar.

— Que maravilha! — disse Mariana. — Vamos fazer isso agora mesmo. Marcelo, envie o vídeo para meu *e-mail* assim que estiver finalizado, que vou inscrevê-lo no *site*.

Todos vibraram de expectativa, porque queriam muito divulgar os projetos que tinham criado e estar entre as escolas selecionadas pela Congregação.

O MAIOR PRÊMIO É TER OPORTUNIDADE!

Dois meses depois da inscrição, havia chegado o dia de conhecer as escolas escolhidas pela Congregação. O evento de premiação aconteceria virtualmente e seriam anunciados os nomes das escolas merecedoras do Selo Pacto Educativo Global, ou seja, das instituições de ensino que mais se adequavam às metas do Pacto.

Toda a comunidade escolar se reuniu no Centro Educacional Jorge Mario Bergoglio para assistir à premiação. Um telão foi montado no pátio para que todos pudessem acompanhar o evento. Estavam muito ansiosos. Vinícius, que fez questão de estar presente, parecia ser o único tranquilo e confiante.

Na hora combinada, um integrante da Congregação para a Educação Católica deu início à transmissão, fazendo um discurso de abertura e depois anunciando as escolas selecionadas país por país. Os corações batiam acelerados. Quando foi anunciar as escolas brasileiras, disse:

— Agora, as escolas do Brasil que fizeram jus ao selo Pacto Educativo Global...

Uma escola, duas escolas, três escolas, sete escolas, e nada de o Centro Educacional Jorge Mario Bergoglio ser mencionado. Todos ficaram quietos e um pouco frustrados em frente ao telão. Foi então que, após uma pequena pausa, o orador da Congregação disse:

— Deixamos esta escola para o fim porque gostaríamos que o vídeo enviado por ela fosse assistido por todos. O projeto que criaram está totalmente de acordo com as metas do Pacto Educativo Global e os alunos mostraram que é possível ter uma educação acolhedora, emancipadora e coletiva, que valoriza a escuta e as diferenças. Com vocês, a campanha **#sóaeducaçãosalva**, do Centro Educacional Jorge Mario Bergoglio, da comunidade do Morro Azul, do Brasil.

O centro educacional quase veio abaixo com tantos gritos de emoção. Todos pulavam, se abraçavam e festejavam.

Após a exibição do vídeo, o orador convidou Vinícius para discursar. Vinícius disse:

— Prezados e prezadas, boa tarde. Estamos aqui hoje para celebrarmos a união em torno de um objetivo comum: uma educação mais humana. Como vocês devem ter visto no vídeo, fui engraxate quando menino e, graças a Deus, tive uma oportunidade transformadora na vida. Por isso, o Centro Educacional Jorge Mario Bergoglio foi fundado com o objetivo de ampliar as oportunidades e dar a mais jovens a chance de ter uma estrada digna para caminhar rumo ao futuro. O que esses jovens que vocês viram no vídeo fizeram é fruto do que eles próprios plantaram. A iniciativa da campanha **#sóaeducaçãosalva** foi uma semente lançada ao mundo e nós esperamos que sirva de inspiração para muitas outras escolas. Muito obrigado!

Todos aplaudiram Vinícius, e a comunidade do centro educacional celebrou a conquista durante o resto da tarde.

O Selo do Pacto Educativo Global logo foi impresso e colocado em um quadro na entrada da escola. Todos os que passavam por ali sentiam orgulho daquela conquista.

Com o passar do tempo, tanto o "Tecnologia para todos" quanto o "Vem para a escola" se mantiveram, assim como novos projetos foram criados. E Vinícius, Mariana, os professores e alunos tinham vontade de ver a escola expandir ainda mais, para poder acolher cada vez mais pessoas.

A CONTINUIDADE DE UM SONHO

Mesmo a distância, Antônio acompanhava o desenvolvimento e o sucesso do centro educacional. Sabendo dos reflexos positivos das ações que vinham sendo praticadas na escola, comentou com Vinícius:

— Vejo muita energia nesses jovens, Vinícius, e acho que ela não pode ser desperdiçada. Temos que continuar a fomentar a educação desses meninos e meninas do Morro Azul.

— Sim, Antônio, também acho. O problema é que eles já estão no Ensino Médio e logo, logo sairão da escola para o mundo. Tenho certeza de que continuarão a estudar por conta própria e conseguirão um bom trabalho ou empreenderão em algum ramo criativo.

— Nada disso! Tenho uma ideia que pode mudar essa situação! Você lembra que, quando fomos visitar o terreno para a construção do centro educacional, havia um prédio pequeno que estava vago, perto dali?

— Sim, lembro, era um edifício de salas comerciais. Faz algum tempo que está à venda. Com o crescimento do *home office* em 2020, por causa da pandemia, muitos prédios comerciais ficaram vagos.

— Então! Não podemos perder esses alunos tão motivados.

— Está querendo dizer que pretende comprar o prédio e construir uma faculdade, Antônio?

— E por que não?!

— Mas como? Pelo tempo que está à venda, deve estar muito caro. E depois tem todo o mobiliário, a contratação dos professores... é muito dinheiro.

— Ora, da mesma forma que conseguimos construir a escola, conseguiremos fazer a faculdade. Fique tranquilo, Vinícius!

Como da outra vez, pediremos a colaboração de empresários e de quem puder nos ajudar. Com o prestígio que o centro educacional atingiu, desta vez vai ser mais fácil. O que acha?

— Olha, acho uma ótima ideia, mas também um grande desafio. No entanto, como você mesmo me ensinou, enfrentar desafios nos ajuda a crescer. Você venceu, Antônio, pode contar comigo!

— Ótimo! Então ligue e conte a novidade para Mariana. Ela poderá nos ajudar a montar os cursos e compor o corpo pedagógico.

— Claro! Vou contar a novidade agora mesmo!

Mariana ficou muito animada com a conversa. Não podia acreditar que o sonho do Centro Educacional Jorge Mario Bergoglio seria estendido e que os jovens poderiam continuar estudando ali, na própria comunidade. Ficou deslumbrada! A faculdade poderia gerar empregos para a comunidade, atrair pessoas da cidade e melhorar ainda mais a qualidade de vida na comunidade do Morro Azul. Mariana não via a hora de aplicar o Pacto Educativo Global também no Ensino Superior, para que os jovens adultos também tivessem a oportunidade de viver aqueles princípios.

FUTURO

#SÓAEDUCAÇÃOSALVA

SOBRE FERNANDO CARRARO

Minha experiência como escritor começou aos 14 anos, quando escrevi meu primeiro livro. Mas foi bem mais tarde que passei a me dedicar inteiramente à escrita. Grande parte da minha vida foi preenchida pelo magistério e pela dedicação ao ensino de Geografia.

Em cada um dos meus livros, há uma história, uma mensagem, uma semente... E, como educador que fui e ainda sou, foi com muita alegria que escrevi este livro, para dividir com meus leitores a importância de uma educação inovadora e comprometida com o bem comum.

Para saber mais, acesse o *site*: www.fernandocarraro.com.br

SOBRE VERIDIANA SCARPELLI

Nasci em 1978 em São Paulo (SP), onde moro e trabalho, e me formei em Arquitetura e Urbanismo pela Universidade de São Paulo (USP). Já trabalhei com projetos de móveis e objetos, e dei várias voltas até entender que meu lugar estava na ilustração. Assim, desde 2007, venho trilhando um caminho que se iniciou na ilustração de revistas e jornais. Em 2012, lancei meu primeiro livro como autora, *O sonho de Vitório*. A partir daí, gradativamente comecei a me aproximar deste mundo que tanto me agrada: a ilustração de livros. Fui três vezes finalista do prêmio Jabuti, em 2014, 2017 e 2018.